El murciélago entre fuegos de artificio

ÆREA | *carménère*

Antonio Daganzo

El murciélago entre fuegos de artificio

861   Daganzo, Antonio
D   El murciélago entre fuegos de artificio /
        Antonio Daganzo. -- Santiago-Barcelona :
        RIL editores-Ærea | Carménère, 2024.

        82 pág. ; 23 cm.

        ISBN: 978-84-10248-14-4

        1 POESÍA ESPAÑOLA. 2 LITERATURA ESPAÑOLA.

Ærea | *carménère*

Serie dirigida por
Eleonora Finkelstein y Daniel Calabrese

El murciélago entre fuegos de artificio
Primera edición: mayo de 2024

© Antonio Daganzo, 2024

© Ærea, 2024

Un sello de RIL® editores
Sede Santiago de Chile: Los Leones 2258 • CP 7511055 Providencia
☽ (56) 22 22 38 100 • ril@rileditores.com • www.rileditores.com

Sede Valparaíso: Cochrane 639, of. 92 • CP 2361801 Valparaíso
☽ (56) 32 274 6203 • valparaiso@rileditores.com

Sede España: europa@rileditores.com

Composición e impresión: RIL® editores
Diseño de colección: Marcelo Uribe Lamour
Imagen de portada: Vikram Nair

Impreso en España • *Printed in Spain*

ISBN: 978-84-10248-14-4
Depósito Legal: B 10682-2024

A mis padres,
siempre.

Mirad el cielo.
Mirad la luna hoy, negra también.
Como la fosa
de tantos héroes derrotados,
heridos, aviesamente heridos
por la espalda.
Como su última fatiga desangrada en estrellas,
las tenaces,
esas que incluso hoy contemplamos oscuras
pues sabemos
la exacta posición de nuestras cicatrices.

Mirad.
Fogonazos, de pronto.
Antes,
quizá ya mucho antes,
os advertí
—¡cuántas veces!—:
«Eso que imagináis un fabuloso fuego,
un fuego entre las manos que no quema,
son cerillas,
cuidado,
son cerillas y duelen
igual que una caricia en el rostro imposible».
Cómo callar ahora
y no advertiros
—sólo una vez y ya, sólo de pronto—
la pirotecnia de las noches estivales
si vais con brazos vivos por el mundo
y por el cielo ufanos,

sin los pies,
de tanto que voláis a las deshoras
del furor.

Sabedlo,
son fuegos de artificio.
Ni ramos ni palmas ni palmeras,
ni crepitantes leños verdes con todo el musgo al aire,
ni la risa de Dios.
Son fuegos de artificio,
no el orbe en vuestros ojos.

Si incluso ya os creíais
empapados de luces
bajo los rubios surtidores
de allá lejos.
De tanto que voláis a las deshoras.

Y sabedlo también:
este pavor de ir y venir
y no acabar las alas
y no rendirse en liza de verdad,
esta ceguera ruda entre la pólvora y su estrépito,
este murciélago aterrado,
súbito,
tan súbito que ya os estorba en vuestro gozo,
es el fantasma negro de los héroes
—aviesamente heridos por la espalda—
que fuimos algún día.

LA LIBREA DE HAYDN

LA LIBREA DE HAYDN

A veces desearía
que el mundo fuera tu Eszterháza.

No era tuyo realmente
sino de Nicolás,
el príncipe melómano.
Ni siquiera vivías en palacio,
que te alojaban con la servidumbre
porque sirviente eras,
Franz Josef Haydn de mis horas diáfanas
—cuando la música parece un nacimiento
sin parto ni dolor—.

Sirviente tú,
genio entre vanos lujos,
librea inverosímil:
íntimo sublevado sin un grito.

No era tuyo Eszterháza
y sí lo fue,
más que de nadie.

Algo quiero pedirte:
no nos olvides nunca desde tus claras notas.
Mira a estos pobres fámulos,
Franz Josef,
servidumbre del tiempo y de la vida.

Aquí proseguiremos,
escuchando tu música.
Soñando con que el mundo puede ser tu palacio.

Cómodos plazos

Vamos dejando el alma en cada huella
sin apenas saber dónde pisamos
y mucho menos lo que el alma oculta
detrás de nuestro nombre.

Vamos perdiendo
con la soltura del herido,
con su sangre.

Y nos han enseñado,
entre tinieblas,
a pagar,
a pagar caro y hondo,
en los cómodos plazos de la resignación.

Convalecencia

Postrado.

Sé que será por unos pocos días,
pero postrado estoy
y todos los fantasmas se despiertan
y vuelven.

Sin las sábanas blancas de los cuentos,
que aparecen desnudos
como desnuda de horizontes
cruzaba mi niñez entre vosotros;
desnudos
igual que pesos muertos de mala madrugada
sin dormir ni soñar,
igual que un solo nombre
que fuese todo nombre conocido:
derrota.

«Venciste luego»,
diréis,
no sin razón,
pero ahora, justo ahora,
lento ahora de ayer que ha vuelto hoy,
me siento derrotado y derrocado
como Dios en los libros de los médicos.

Ojalá me entregara
a la espera del bien que ya amanece,
mas sólo me revuelvo
y aquí estoy,

postrado y crepitante en fría hoguera,
echándole este pulso a los abismos
para vivir en pie.

JANO, EL FARSANTE

Mis dos caras divisan el pasado
y el porvenir
JORGE LUIS BORGES

¿Bifronte yo?
¿Dos caras?

Embriagados estáis
por la memoria y el anhelo.
Veis doble: aproveché a engañaros.

Sólo tenéis
este mismo segundo que perdéis.

Y en mi revelación,
que parece de piedra a pesar de su viento,
la farsa continúa.

Ayer, mañana y siempre hoy,
os estaré engañando.

Tiempo vendido

…¿sabes tú adónde va?
Gustavo Adolfo Bécquer

«No malgastes el tiempo»,
llegaron a decirme,
con rigor en la boca y terror en los ojos.

Hoy entendí el terror aquel,
paradójico apenas,
a contrafiebre nunca.

Cómo se desbocaban los planetas secretos,
rotando a más callar.
No hay rienda que sujete tus caballos,
lucidez.

Si sabes del instinto y de la gloria,
si sabes quién fui yo de madrugada,
dime tú adónde van los horarios marchitos.

Todo cuanto de veras conquisté
no se atuvo a razones.

Todo el tiempo perdido
—tan corto, tan culpable—
no fue tiempo vendido.

Pie forzado

Y la noche caerá sin que baste lo oscuro.

La angustia es un minero,
el corazón toda la cama,
el pecho se resiste a dormir cuando atardece,
estás exhausto ya
y nunca habías sido tanta inercia.
Eres el eco
de absurdos meteoritos chocando contra Dios,
y la noche caerá sin que baste lo oscuro.

Sé de ti por las piedras,
estás tumbado y yo camino con tus pies,
me hieren tus heridas
igual que cuando canto los estertores de un recuerdo,
por cada piedra aguda,
por cada piedra pisada sé de ti,
de tu insomnio,
de la inercia que sangra,
y la noche caerá sin que baste lo oscuro.

Pero algo en ti susurra pedazos de infinito,
pedazos como soles más allá del lenguaje,
esquirlas de tus besos,
del amor a la luz,
del poderoso instinto y sus milagros
que no habrán de negarte ni la música
ni la remota claridad de este candor
ni el horizonte.
Y la noche caerá sin que baste lo oscuro.

VÍSPERA

¡Qué gran víspera el mundo!
PEDRO SALINAS

La vida entera me pareces
con mi angustioso anhelo en tus olvidos,
mordaz día de antes,
vestíbulo de tanto y de tan poco.

Sólo si prometiste amor
tu absurda tiranía di por buena,
como la de la sangre oculta
sobre el agua.

Tierra de fríos escorpiones,
guerrera contra el sol,
víspera luna de los relojes muertos,
que pueda siempre
mirarte cara a cara sin desmayo
y recordarte
la fe que ya perdiste por los dos,
sacerdotisa.

Como quien dice amor y pide muerte

Como quien dice amor y pide muerte,
cataratas de barro
sepultan en tu voz todo lo que aprendiste,
todo lo que juraste no aprender,
todo lo que soñaste y se cumplió para tu dicha,
y cuanto no llegó a cumplirse para hacer de tu alma
honda y noble raíz.

Hoy,
mujer que pude haber querido,
crees hablarme de amor y estás pidiendo muerte
con barro y las pesadas cadenas de tus días.
Con la omisión del árbol que quizás encarnases,
retratases.
Porque ya no te acuerdas
de que toda la angustia de lo vivo
se detiene
en el abrazo de las ramas
a la luz que se va y ha de volver.

Te escucho
y trato de que entiendas,
y hablo sereno, lento, afuera y en la entraña,
desasido del mundo y más que nunca mundo.
Como quien reza a Dios sabiendo que no existe.

Como quien dice muerte,
lenta muerte,
y vive amor.

Estancia en Occitania

...è d'ogni re maggior,
maggior il Trovator.

Salvatore Cammarano,
en el libreto de *Il trovatore,*
ópera de Giuseppe Verdi

OCCITANIA

Una vez existió
el país de los versos y la música.

Decidieron borrarlo de los mapas
sus duros enemigos,
la ignorancia y la envidia,
con furor tal
que quisieron incluso robárselo a la Historia.

No podían saber
que en la tierra de nadie
se hace viento y perdura y se ennoblece
el trovador.

No podían saber
que la mujer que amo
resucita en mi pecho a cada instante
la Occitania.

Linaje de tus ojos

¿Cómo añadirle versos a un perfecto poema?

Bastará acaso
recordar la emoción de su linaje;
recordarla por fin,
entre lágrimas dulces.

Bastará con decirte
que el brillo de tus ojos
latía ya en las ramas de los árboles,
bañadas por el sol,
exactamente el día en que mi infancia
salió del hospital
sabiéndose salvada, pensando porvenir.

Exactamente entonces.
Justo el rayo de Dios,
lento rayo de Dios que vi de niño.

Por eso amo tus ojos:
mi más hondo poema.
Secreta estirpe de mi vida.

Cartografía y quiromancia

¡Qué sorpresa tu cuerpo...!
Carmen Conde

Qué sorpresa tus manos,
la feroz nervadura.

Yo repartía besos
entre los dorsos pálidos y dulces
cuando tú, de repente,
quisiste desnudarte
con el único gesto que te vestía aún más.

«La verdad está aquí»,
parecías decirme.
Y me mostraste las palmas de tus manos.

Fascinado e incrédulo,
toqué los rasgos de la tierra,
la tierra toda,
el agua,
el reverso del agua,
también los ríos que murieron y el fondo de los mares,
un árbol sólo hoja,
la feroz nervadura del tiempo y de la vida
y un tronco hecho pedazos.

Cartografía densa,
el mundo resumido y renacido,
doble ferocidad,
milagro doble de tus manos.

Para la quiromancia,
en la línea más honda de la urdimbre,
justo donde perdura
el pedazo más sabio de aquel tronco,
grabé mi nombre a fuego.

Espiral

En uno de tus dedos
—al que tú mortificas con palabras severas,
el que acaricio siempre—,
gira sobre sí misma una espiral:
una gota de sangre,
una galaxia anillo
nebulosa del tiempo de temblar.
Luminaria veloz y ensimismada.

«La espiral es hermosa»,
me dijiste.
«Tú puedes dibujarme una sencilla.»

Desde entonces
estudio remolinos de tiempo en el reloj,
me sumerjo en el aire
por si una ráfaga nocturna
se enreda con la luz,
convoco bataholas de estorninos
soñando una bandada giratoria
en tu homenaje.

Dibujo con mi vida.

Y me escucho las manos
y me cumplo por dentro,
forjando para siempre
en espiral
el alma que en la boca me besaste.

Patio de luces

Caracola de cielo
desprendida y clavada en mitad de la muerte.

Lluvia y viento abrazados,
así anoche,
sin la noche ni el viento ni la lluvia.

Mi firme corazón son siete plantas sobre ruinas,
el verso vertical que no enmudece,
la piel para las ráfagas mojadas y sus vueltas,
el vacío olvidado de la altura.

Es el patio de luces que todos escucháis,
vecinos de la sangre.

Junto al que duerme ella,
mecida por la lluvia y por mi sed.

CÓMPLICE AL ALBA

Tantos años mi amigo
y sólo ahora,
agazapado tras un visillo leve,
me entregas el secreto de tu gracia,
sol primero:
el cuerpo de mi júbilo,
la desnuda visión de la mujer que amo.

DE LAS NOCHES APÓSTATAS

Hay noches que no vienen por el cielo,
que reniegan de él.

Acaso sean
la pesquisa imposible de un cuchillo sepulto
o la vaga promesa de una roca
que no sabría urdir sus manantiales.

Acaso se resuman
en el grito de tierra
que al azar escogimos entre toda la tierra desahuciada;
el que ahora sostienen nuestras unidas manos,
dormidas pero firmes,
supervivientes de tanta fe sin coro
y tanto cielo muerto.

Esas noches apóstatas,
seguro,
habrán de ser su propia redención.

Bastará con que aprendan nuestra altura
de tierra enamorada de infinito.

Breve curso de botánica aplicada

Como una rama grávida
de besos en sazón.

Como la savia erguida de los chopos.

Como la reverencia de los sauces
al suelo que los nutre.

Así mi boca
y mis venas
y la médula toda por vasallo:
el centro de mi ser con que te adoro.

ERESMA

En Segovia, una tarde, de paseo
por la alameda que el Eresma baña…
ANTONIO MACHADO

Velé tu sueño junto al río.

La sonora corriente galopaba
sobre peces de luz.
El sol se deshacía en redes rotas.

Qué incansable partida la del agua.
Igual que un viejo rey que eternamente abdica
sin hallar el olvido.

Tú dormías a salvo,
a salvo de la fuga, ajena al tiempo.
Eras tu propio cauce redimido.
Dios alzaba su corte con tu sangre.

Tumbado junto a ti,
recé con la inocencia de los álamos,
a su sombra diáfana como mi corazón:
«Así sea por siempre».

CALLE DEL LAUREL
(LOGROÑO)

Trovador,
no acalles al goliardo.

Que vive en ti como tu dama vive,
y ella es copa también
y así te besa,
brindando por la muerte de la muerte.

El vino de las lenguas tropezadas
colma de soles
la calle del Laurel.

Y acaso te preguntes,
trovador,
trovador tan goliardo por un día,
la causa de tan hábil disfrutar,
si alguna vez sufriste.

Puentecillas, un regreso
(Palencia)

Tú no puedes saber
la hazaña que comporta este regreso.
Y está bien que así sea.

Me adelanto unos pasos;
sé que me sigues con los ojos,
que me lees como a un verso malherido
cuya secreta sangre
te hablara del arrojo insensato de los sueños.
Tu callada pregunta me convierte en poesía.

Caminamos los siglos de este hermoso puente,
cruzamos el Carrión de mis desvelos,
y quizá ya comprendas
que el hombre que te ama ha llegado hasta ti
rompiendo calendarios,
cosido a fechas muertas pero no malherido.

Con todo el corazón,
con todo el corazón sabio por fin
para quererte.

LA TRINCHERA VECINA

...siénteme en la trinchera...
MIGUEL HERNÁNDEZ

...el desangrado sol...
PABLO NERUDA

A escasos metros de mi casa
pervive una trinchera de la Guerra Civil.

Quise mostrarte
aquel imán de mis paseos matutinos,
aquella herida de la Historia
en la piel de los días.

Subimos hasta el cerro de la mano,
y ya allí
volvió a embargarme el miedo,
la desesperación,
el frío torvo
que dobla las rodillas;
volví a sentir sobre mi frente
el desangrado sol
de aquellos hombres que lucharon,
se jugaron la vida y la perdieron
por la dicha futura
de nuestra libertad.

Por eso,
con un arrojo insomne y redimido al fin,
te abracé con el alma,
te besé con pasión.

Por todos los amores
soñados e incumplidos
de aquellos tristes héroes.

DESIDERÁTUM PARA LABRAR EN UN MURO

...y, sin embargo, cómo se da, unánime,
dejando de ser flor...
CLAUDIO RODRÍGUEZ

Que al contemplar la entrega,
el candoroso incendio,
la fe absoluta del rosal que nunca muere
en el hogar donde naciste,
pienses en mí.

Ofrenda

Por cuantos no se detuvieron
y continuaron ruta,
y más aún
por cuantos despreciaron
la ocasión de arraigar aquí sus ojos
pudiendo haberlo hecho de tu mano versada,

he venido a tu pueblo

para al fin constatar lo que sabía:
que soy la sombra de aquel parque,
la astucia deliciosa de tu primer paseo,
la sed y el porvenir tras las lentas esquinas,
esta acera,

el eco de tus pasos en el tiempo,
la memoria imposible y por amor posible.

Que soy la ofrenda a tu pasado vivo,
y el beso de pasión
que te esperaba aquí.

Yuso en Madrid
(Un mural)

Todo era prisa,
todo era prisa y lluvia,
y esa lluvia final que es más que lluvia cuando hay prisa,
todo era el turbio anhelo de un reloj devastado,
correr para cumplir con una sala al fondo
y no poder pensarte
y la mente vacía,
todos erais mi olvido,
mi abdicación de vides,
la ruina primorosa de mi puntualidad,
yo sólo el charco de mi sombra,
el charco de mi sombra,

y todo fue sorpresa,
el mural fotográfico al fondo de la sala,
el mural nuevo,
sorpresa,
el monasterio y nuestro valle,
la memoria que salva asaltando Madrid

y tú y yo para siempre,
para siempre invisibles en la foto,
en los secretos márgenes
de la inmortalidad.

Jaufré Rudel susurra sus últimas palabras a Hodierna de Trípoli

Dama de mis canciones
y mi muerte:
tras el largo viaje hasta tu encuentro,
ahora comienza la verdadera vida.
La que vas a vivirme en tu memoria.

Focos de resistencia

MANUSCRITO

Aquí te tengo,
escrito a mano,
y así te llamas manuscrito, y lodo y alma.

Llegarás a ser orden,
quizás un libro incluso,
limpidez contra el blanco nevado de las páginas
—esa nieve que se soñó fuera del tiempo,
apilada y bruñida
al otro lado del tapial de un camposanto—;
llegarás,
aunque ahora,
entre manchas de tinta
y los borrones del grafito,
los ingenuos borrones del grafito,
qué te puedo decir sino que me recuerdas
un campo de batalla al caer los cuervos.

Pero los cuervos huyen,
otra vez,
como siempre:
nunca se acostumbraron
a mi apretada y fiel caligrafía
de neurótico.

Y aquí te quedas,
mi rebelión absurda,
imprescindible,
con tu incólume barro y todos mis desvelos.
Has hecho de mi alma

un horizonte puesto del revés
y la aventura de nacerme hoy
en la armonía.

Gracias y maldición.
Aquí me tienes.

OTRA ESPERANZA

*Él es otra esperanza, porque nos ha enseñado que
también así se puede triunfar, aunque sea en preca-
rio. Y contra ese hombre ejemplar, os estáis inventan-
do razones importantes para anularlo.*
ANTONIO BUERO VALLEJO

No tendrás el valor de preguntárselo.

Si lo tuvieses,
esta opulencia que te invade,
que juzgas merecida por las ansias
y disfrazas de ti
como de tierra vieja en el barbecho,
te arrasaría el corazón,
y ni siquiera el corazón desmantelado
te bastaría
para morir sin la vergüenza de morir.

Por eso callas
y entre lujos pervives,
sucio de no llorar, de no cantar,
urdiendo estratagemas
—bajo el alto lucero
que pudiste comprarle a la noche más mísera—
contra el que no cedió
ni claudicó
y sólo en la verdad se siente digno.

Nunca te atreverás a preguntarle
por qué no te imitó cuando las ansias.

Por qué aceptó perder ya de antemano.

Ni por qué resplandece.

Elogio de Alejandra

Qué haré con el miedo
Alejandra Pizarnik

Hoy, Alejandra,
he llevado tus versos
allí donde jamás te habían escuchado;
al falso paraíso de las vidas resueltas,
de los ocios campestres para el fin de semana
y la mudez,
inevitablemente turbia,
de los lunes;
allí donde el dinero
encendió chimeneas en los cráneos
por el amor del humo
que ciega las preguntas y responde por Dios.

Hoy he contado la verdad,
la verdad de tus versos,
donde no la esperaban,
donde ni la soñaban.
Hoy te he cantado como nunca.

Preguntaste qué harías con el miedo,
y nos legaste,
así,
la flor inverosímil de nuestras pesadillas.

En tu nombre,
Alejandra,

yo he plantado ese miedo
en mitad del vergel del falso paraíso.

Y este caos redentor que hoy sube a cada rostro
y en cada rostro imprime
su mañana de vida verdadera,
su promesa de amor tras la locura,
te pertenece todo,
mi salvaje heroína.

La nao «Victoria» atraca en Sanlúcar de Barrameda
(6 de septiembre de 1522)

De toda la memoria, sólo vale...
ANTONIO MACHADO

Así nos veis volver:
famélicos,
ruinosos,
en podredumbre loca,
a bordo de todos los océanos
que este barco de muerte ha conocido,
a flote de tres años de tortura.

Qué pavorosa escena
la entrada en vuestro puerto y vuestra paz.
Mis aguerridos hombres,
mis sólo diecisiete,
están rezando,
lloran.
La gloria es el velamen de estas lágrimas
rasgado por el viento.

Pero yo os digo
que no importan la gloria ni la gesta
de dar la vuelta al mundo,
ni el oro que no habrá de llegar aunque lo merezcamos,
ni tampoco el dolor.

Ni tampoco el dolor, no lo olvidéis.

De todo lo sufrido
sólo vale
la dignidad ilustre
de saber que pudimos resistir
como resiste el verso del amor
en la memoria.

Juan Sebastián Elcano os lo asegura.

DIOSES PIADOSOS

HOMENAJE A LA VIDA

Nunca recuerdo el día exacto
en que murieron
las personas a las que tanto quise.

LA VISITA DE LILI

A la compositora Lili Boulanger (1893 – 1918)

En vez de imaginarme yo en París,
prefiero imaginarte
llena de la salud que no tuviste,
viajando hasta Madrid
para reunirte con mis horas
—estas horas
que nunca conocieron tus relojes—,
para tomar entera posesión
de lo que es tuyo.

Entrarías en casa,
te sentarías junto a mí,
y, en un instante,
las partituras que traerías bajo el brazo
quedarían desnudas en la mesa
—ya más que nunca cielo—,
abiertas por la página de tu anhelado dios,
por la página justa de mi amor y tus alas,
donde cantas añil y me adivinas.

Cuánto genio colmándote los ojos,
qué sismo el de tu boca
al explicarme
esta tonalidad,
ese becuadro,
aquel acorde.

Tu rostro de muchacha inteligente
se avivaría al límite,
temblaría de júbilo
en tu labio inferior,
delicia y sangre pálida,
carnosa.

«Y tú,
mi buen amigo,
¿qué has estado escribiendo?»,
preguntarías por sorpresa,
mirándome,
quizá incluso queriéndome,
tomando entre tus manos
uno de mis poemas
—náufrago en un papel con el silencio al borde—,
improvisando,
súbita,
descubriendo en verdad,
sobre unos pentagramas aún vacíos,
la melodía oculta entre mis versos.

Te abrazaría,
entonces,
te abrazaría hasta robarte del dolor,
hasta arrancarte
de tu temprana muerte,
mujer de rayo y música,
hasta abolir el tiempo
y que fueras en mí
toda la eternidad que me regalas
en cada resplandor,
mi amada amiga.

LOS INMORTALES

Son mis abuelos que discuten,
que una vez más discuten
—mi abuela,
con verbos afilados;
mi abuelo,
con pronombres de piedra y machacadas uvas—,
son ellos que reviven
y no mueren ni morirán así,
pues quién lo hubiera imaginado,
quién se lo hubiera dicho a cualquiera de los dos,
así sus voces,
sus voces y ellos mismos
asaltan mi memoria
para hacerse inmortales,
los guerreros,
en la definitiva paz de este poema.

STROGOFF

Fueron años de cuarzo inconmovible
pero ahora,
por fortuna,
lloro más.

Como mi abuelo
cuando evocaba su Galicia.
Como mi madre
cuando evoca a su madre.

Vosotros no lo veis,
pero en verdad os digo:
lloro más.
Bien lo sabe mi alma al caer la noche,
e incluso algún espejo.

Y este bendito don de lágrimas
habrá de protegerme,
a través de mi historia,
del ardiente metal,
de los sables al rojo
que la vida,
inapelable y dura,
deslice por mis párpados.

Ciega creeréis mi alma,
pero después,
veré.

Porque vi siempre.

Un cantor en la noche

Marinero soy de amor...
MIGUEL DE CERVANTES,
Don Quijote de La Mancha;
Primera Parte, Capítulo XLIII

Madrugada inocente,
fragante como el azar primero de estar vivo,
que sólo el canto mida tu estatura.

Que sólo él vulnere tu silencio.

Y que llegue, de pronto,
como el mozo de mulas a la venta
donde soñaba Don Quijote.

Que aparezca sencillo ante tus ojos,
disfrazado,
para después,
cantor nocturno y cierto,
colmarte los oídos para siempre.

Sabrás entonces,
llorando jubilosa tu rocío,
la deriva perpetua que te aguarda
y que es amor.

Un tren cruza el crepúsculo

Para Nuria de Cos

Inabarcable el cosmos,
vertiginoso el cénit,
el horizonte como un dios por venir
y, sin embargo,
este tren que ya cruza
los olivos de fuego del crepúsculo
parece más veloz y transparente
que todo el universo.

Como un poema
en el cielo de sangre
que llamas corazón.

Díptico mediterráneo

I
La fiel nostalgia

¿Recordarás el día
en que el agua inventó para tus ojos
su mirada de mar?

Ven conmigo,
no sufras,
no te sientas morir de fiel nostalgia.

Esta calle por la que descendemos
es como la de ayer.
Se parece al cadáver del dios que te entregaron:
estrecha luz arriba,
mudo punto de fuga.
Esta calle por la que descendemos hasta entonces.

Todo va a revivir;
prepara ya los ojos.
Vuelta, revuelta honda
y hablará el horizonte con los años perdidos.

Suave e inabarcable,
aquí lo tienes,

con los perdidos años y con el día justo,
quieto como el azul de corazones
que huyó de tu baraja al ir jugando a muerte.

Pero tú no te sientas morir de fiel nostalgia.

Porque el mar inventó para tus ojos
ya entonces, sin abismos,
la mirada del fin.

II

Soave sia il vento
(Mozart *y* Da Ponte, *Così fan tutte*)

El Mar Mediterráneo se llama aquí Tirreno.
La barca va a partir con dos falsos soldados.
Todo el Golfo de Nápoles
es una lágrima del sol.

Tuerces el gesto ahora,
no lo ocultes.

Ya sé que es un engaño:
que ellos parten
tan sólo por probar fidelidad;
que ellas lloran
pero serán infieles
y más desatinadas todavía.

¿Y esta luz rubia,
esta mano de sal
a la que vas jugando con las olas,

este agitado azul
al que le nace nieve por tus ojos
no son acaso engaño,
la mentira mayor de nuestra noche eterna?

La barca parte ya.
Que sea suave el viento, benigna la memoria.
Y que en la luz vivamos.

Louisiana Waltz

Al maestro Claude Bolling, in memoriam.
Y para Lola Barroso.

Hoy has recuperado
un tesoro
que creías perdido para siempre.

Cercado por avispas lo extrañabas,
con tanta furia y miedo
que llegaste a inventar la falsa melodía
de tus noches.

No era aquel vals,
no era el punzante vals que escuchaste de niño,
pero te consolaba
aquella réplica de acordes derrumbados
sobre tu corazón.

Hoy,
por sorpresa,
el vals ha vuelto tal como lo olvidaste:
sentimental, brumoso,
con el escalofrío que nunca le entregaras
a tu primer amor.

«¿Qué harás con tu fortuna para ya no perderla?»,
te preguntas,
limpio de escombros un instante,
mientras tu corazón ríe una lágrima.

Eu sei que vou te amar

A Antônio Carlos Jobim
y Vinícius de Moraes.

Cuánto me has conmovido
y cuánto habrás de conmoverme aún,
tierna canción,
desesperadamente luz de vida.

En tu homenaje
serán breves mis versos,
como breve es tu tiempo en los relojes
y eterna tu aventura por mi alma.

Desventura, quizá;
así lo afirmas.

Yo sólo sé que tu penar de amor
—en cada despedida
y su regreso—
me dibuja en la boca una sonrisa trémula.

Y me concede el don,
el tierno don de música otra vez,
el lento paraíso condenado
donde me reconozco.

Tomás Luis de Victoria
(*O MAGNUM MYSTERIUM*, A 4 VOCES MIXTAS)

A José María Muñoz Quirós,
partiendo de su verso
«...y elige un sol para abrasarse»,
celebrando la belleza que redime.

Si todo pasará como mi carne,
si el alma es energía que no sabrá mi nombre,
si sólo soy el eco
del más lejano eco
de una estrella hecha añicos
y ha de llegar el día
en que alcéis la mirada a lo más alto
y sintáis orfandad
y muráis de sospecha,
yo,
Tomás Luis de Victoria,
desde la lucidez extrema de este instante,
elijo
—con Ávila hasta el fin en mi retina—
el sol del gran misterio
para abrasarme en música.

Y así os redimiré en la transparencia.

Como versos cruzando por una partitura

Para Carmen de Silva

Y así vamos doblando
las esquinas de todos nuestros miedos,
con las dulces memorias
y las tristes que casi nos mataron y no mueren,
con la inercia de hoy
y la ilusión,
la irredenta ilusión
de que vendrá mañana lo que falta,
con lo puesto,
y más con lo desnudo,
así vamos viviendo para el canto,
porque es nuestro destino desordenar el aire,
confundirnos de azul y más de rojo,
ser un remoto dios que no existió.

Como el abrazo equivocado.
Como el atlas de fuego que perdiste de niño.
Como versos cruzando por una partitura.

La obediencia del frío

Mi enemigo incansable,
que lo mismo te escondes detrás de una borrasca
o de una esquina,
y que tomas mi hogar con traiciones de octubre
y sermones de abstemio,
frío de encanecer
tan viejo como el tiempo que soñé derrotarte
y tan ufano,

recuerda,
recuerda y nunca olvides
cómo doblaste la cerviz
en días de estrecheces,
cómo mis padres,
en las noches de invierno,
te ataban a su alcoba y de allí no salías,
cómo el niño que fui
jamás te conoció sobre la almohada,

recuerda,
frío innoble,
aquel hermoso sacrificio,

recuerda y nunca olvides
la obediencia que debes al amor.

VUESTRO PIADOSO DIOS

Si salís de Aranjuez
por esa carretera interminable
junto al Jardín del Príncipe
y anochece precisamente entonces,
como si el sol se hubiera derrumbado
robándole a la luz su hora más dulce,
como si todos los otoños de la vida
no tuvieran más casa que vuestro corazón,
y tembláis,
sí,
tembláis
bajo el arco de árboles
cada vez más estrecho,
más bajo,
más oscuro,
más lunes al final
del fondo
que no veis,
y quisierais morir
cuando el asfalto zigzaguea
a un lado,
al otro,
y os tragáis,
por no asustar a nadie,
esas torcidas lágrimas
que luego lloraréis en soledad,

creed ahora en mi palabra,
dejadme ser
vuestro piadoso dios un día:

llorad, purificaos,
que habréis de regresar mejores.

La mujer que nunca vio nevar

Nunca has visto nevar
desde el centro del mundo.

No conocen tus ojos
ese frío tan lento del agua detenida,
ese prodigio atroz de no fluir,
de la renuncia
—la insensata y secreta—
cuando llueve o se llora.

Sí que viste mis canas un día de verano.
Quizá sigas creyendo
que nevar se parece a un calendario absurdo
pero digno del orden.

Quizás yo crea ahora
que el amor guarda copos como estrellas tenaces.

Me lo habrás de decir cuando tus ojos tiernos,
más sabios todavía,
vean nevar por fin.

Recital

Con Berta Maldonado.

Un atril,
un micrófono,
la sala, no muy grande
pero espaciosa, sin embargo:
ávida de emoción en lo más hondo de sus muros,
como vuestra presencia.

Yo saldré a recitar.

Aquello que compuse hace ya tantos años
habrá de revivir
como revive siempre si se empeña mi voz.

Y no tendrá piedad mi ternura irredenta
—o sí tendrá piedad—,
porque, en cada palabra,
creeréis reconocer
la sonrisa que amasteis,
que hubisteis de olvidar,
pero que yo os devuelvo en otro rostro
y con los mismos labios.

Y todo así
—escritura,
memoria,
vuestro dulce dolor—
tendrá otra vez sentido.

Metamorfosis del murciélago

Servidumbre del tiempo y de la vida:
eso somos.
Y la capacidad de resistir
en lo más íntimo de una pureza rota
que no hemos olvidado,
que nunca olvidaremos,
que llaman esperanza mis árboles de niño
y lucidez los ángeles difuntos
pero alerta,
mis nunca resignados
a enmudecer a lomos de la noche.

Y somos la Occitania,
trovadores audaces:
a la piedad esquiva
—ese pedazo de infinito
que se revela como un verso,
por azar,
al merecer acaso cuanto el alma rescata
de la muerte—
sólo se llega por amor.

Como la fosa
de tantos héroes derrotados,
mirad el cielo.
Mirad la luna hoy, negra también.

Pasaron ya los fuegos de artificio,
las cerillas que duelen.
Habéis purificado las noches estivales

con vuestro desengaño
y vuestras lágrimas.

Y queda este murciélago o memoria
sin pólvora ni estrépito;
todavía aterrado
mas ya nunca fantasma de los héroes que fuimos.

Ciega pasión,
ahora,
del corazón que somos,
y que después verá.

Índice

Este libro se terminó de imprimir
en mayo de 2024

RIL® editores • España

europa@rileditores.com

Se utilizó tecnología de última generación que reduce
el impacto medioambiental, pues ocupa estrictamente el
papel necesario para su producción, y se aplicaron altos
estándares para la gestión y reciclaje de desechos en
toda la cadena de producción.